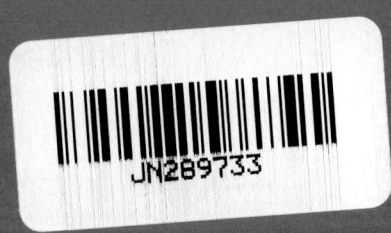

Amazing Houses

可笑しな家

世界中の奇妙な家・ふしぎな家60軒

黒崎 敏／ビーチテラス 編著

二見書房

まえがき

洋の東西を問わず、人間は遥か昔から生きるために家をこしらえ、その場所を中心とし、生活する習慣を守りつづけている。まるで動物の「巣」のように、外的環境から自分や家族を守るために造られたシェルター（器）でありながらも、地域社会のなかでの存在を位置づける役割も担う、それが「家」なのである。

では、今の日本はどうだろう。大量供給を目的に没個性的なプレハブ住宅が建ち並び、地域性とは無関係の家々を生み出しつづけている。もはや家から歴史や文化を読み取ることは困難で、家主の特徴すら浮かんでこない。誰が住んでも変わり栄えのない月並みな家が、いつしか世の常識となっている。

しかし、例外は存在する。この本に登場する「可笑しな家」を見るかぎり、家主の思いがしっかり宿る家こそが、建築の起源であることを改めて確信できる。そこには人間のすべてが反映された、生々しい真の家の姿が見てとれるのだ。もちろん、出来合いの家は一軒もない。地域や環境、そして自分や家族にフィットする家を根気よく想像し、ゼロから創りあげた人々の執念の軌跡なのである。

とてつもなく大きい岩に寄生するポルトガルの「岩の家」や、海辺の草原の下に潜り込んだアイスランドの「草屋根の家」からは、周辺環境に逆らわずに暮らす生活者の知恵と積極性が読みとれる。また、イギリスの「蝶の家」や、フィンランドの「妖獣の家」などは、家主の生活哲学がデザインとして素直に表現された結果であり、その遊び心が実に痛快だ。

水に浮いたり、崖に潜んだり、宙に浮いたり、土で固められたり……まるで子供の砂遊びのように無邪気な家々も、自分や家族と真剣に向き合い、会話や葛藤を重ねるなかで生まれた必然のフォルムであり、溢れんばかりの愛情を注入した唯一無二の建築なのである。

ありのままの生活を投影した家は、人間の顔と同様、一つとして同じものはない。生活や家族の原点であり、思想や表現の原点であり、自然や環境の原点であるかけがえのない家は、最大の心の拠りどころだ。それこそが本来の「家」の姿であり、建築の原点ではないだろうか。

ここに収録した約60軒には、名作・傑作もあれば首を傾げたくなる迷作までもが含まれている。建築の有名無名はさておき、地球上のさまざまな地に棲む人たちの、風土のなかでの営みを、家の佇《たたず》まいから知ってほしかったからだ。

実にけなげで愛らしいこれらの奇妙な家々を眺めるうちに、その主《あるじ》の顔がぼんやりと浮かびあがってくるだろう。「してやったり」のその顔つきからは、確信犯のような自信と、暮らしを愉しむ無邪気な遊び心が、はっきりと見てとれるのである。

建築家　黒崎 敏

CONTENTS

妖獣の館（スウェーデン）

草屋根の家（アイスランド）

抽き出しハウス（オランダ）

世界一高い木造家屋（ロシア

サブマリン・ハウス（イギリス）

UFOハウス（ドイツ）

モダン・ゲル（中国）

岩の家（ポルトガル）

階段屋根の家（イタリア）

岩宮殿（イエメン）

干潟の家（フィリピン）

お絵描きの家（ガーナ）

モザイク柄の家（南ア共和国）

崖っぷちの家（オースト

パラソルの家（アメリカ）

宇宙カプセル（アメリカ）

靴の家（アメリカ）

鏡面ガラスの家（アメリカ）

きのこの家（アメリカ）

繭の家（日本）

タコ壺の家（アメリカ）

環礁の家（アメリカ）

ボトルハウス（メキシコ）

筏の家（ブラジル）

岩の家

ポルトガル、ファフェ

巨岩の間を埋めて造ったこの家は、頬をふくらませた子どものような無邪気さを漂わせている。窓もゆがんでいて手造り感があふれ、愛らしい

そこに岩があるから……

荒野のあちこちに大きな石がゴロンと転がっている。それを眺めていた作り手は、「あの岩を利用して家を」と考えた。そして大きな果実のような巨石の間に、こんな愛らしい家を……。自然や歴史を切り離した建築こそがモダンであるという考えが、この家を目の当たりにすると揺らぐ。誰も真似のできない建築こそが真のモダンなのかもしれない。

ポルトガルの北部、スペインと国境を接するミーニョ地方の丘に、お伽話にでてきそうな奇妙な家がある。一帯は荒涼とした丘陵地、建築材料もなく、そこには岩が転がっているだけ。どかすことのできないない巨石なら、それを利用して住居に――そんな発想から「岩の家」は生まれた。

この家はギマランエス在住の建築家が、自分たち夫婦のために腕によりをかけて造ったもの。もともと4つの巨石がほどよい距離をとって座していた。建築家はこの天然物を見逃さなかった。たのもしい礎石にし、壁でつないで、屋根を架けた。

かくして岩に寄生する風変わりな家が誕生したが、岩の無骨さとは裏腹に、その佇まいは愛らしくてユーモラス、そして微笑ましい。

丘のてっぺんにぽつんと建っているが……遠くから見たら、転がっているただの岩にしか見えない

入口は一つだがドアは大きく凝った造り。
突き当たりには薪ストーブの煙突がある。
屋根は 4 つの岩にかぶせている

屋根伏図。4つの岩の上に屋根をかぶせ、その勾配は微調整されている。大味な造りに見えるが、なかなか芸が細かい。室内はアトリエ風の簡素なたたずまい。換気ガラリ窓とストーブの煙突があり、そばには薪が貯えてある

石の大きさがまちまちだから、遠近感が麻痺し、スケール感がつかめない。小さなオモチャの家のようにも見えてくる。造りはいたってシンプル。岩に穴をあけて梁を渡し、その上に屋根をのせて瓦を葺く。壁面は小さな切り石を丁寧に積み上げている。屋根も窓も歪んでいるが、これは作り手の意図的なデザイン

面白いのは、地元の人たちがこの家のことをほとんど知らないことだ。岩山にとけこんでいるからか、さして珍しくない岩家の１軒だからか？

すぐ下にも似たような造りの離れがある。
２軒の間には貯水のためのプールも

環境について声高に叫ばれている今、自然の塊《かたまり》で造られたこの家はエコロジーの象徴のようだ。そこにある素材をそのまま使う——土台の巨石はもちろん、形の不揃いな小石や砂利まで壁に練り込み、その石の活用ぶりは新鮮に映る。

家から下ったところにあるプールのそばには石造りのベンチもあり、さらに下の“離れ”へと到る坂道は石畳みにしようとしている。ほかにも石を削って作ったテーブルやソファも見かけられる。風の音だけが聞こえるこの丘の上に、自然ともちつもたれつのバランスを保ちながら一つの快適空間を見い出そうとしているのである。

また、イベリア半島はマリア崇拝の地で、「サンチャゴ巡礼」のポルトガル巡礼路もあり、住民は信仰心が篤く、岩山や巨石に守護の力があると信じている。際立って目立つ岩にはマリアが現れたという伝説もあり、近郊の町に見かけられる「岩の教会」はその表れであろう。

岩の間に潜り込んだ教会は中世
のカタコンベを連想させる

環礁の家

アメリカ、フロリダ、キース

珊瑚礁がつくった離れ島を利用した砦のような家。この環礁を目にしたオーナーは、「あそこに！」と思わず叫んだに違いない。輪の中には、大きな母屋と小さな離れが向かい合い、正方形の屋根と円い環礁のコントラストが美しい。二重になった環礁は、船が出入りできるお堀になっている

浮島の家

スウェーデン、セーデルマンランド

鏡のような湖面に映る浮島……美しい緑に囲まれて、落ち着いた佇まいの一軒家。もちろんボートで行き来するしかない。水面の反射効果のせいで家と湖面の境界があいまいだ。鮮やかな家の色に合わせた赤いボートも憎い演出である

宇宙カプセル

アメリカ、ニューメキシコ州、アルバカーキ
邸名：プリンス邸／設計：バート・プリンス

遠くから見たら宇宙船が飛来したかに見える。３階にカプセル状のドームを搭載した姿は、ホーバークラフトが浮いているようだ。先端には銃口のように飛び出した丸窓を８つ取り付け、両サイドは開閉可能なサンルーム風に、後部はテラスになっている。

４本の太い円柱によって上層部が持ち上げられ、周辺に茂る草木が下部を覆っているせいで、宙に浮いたような見上げは迫力満点。小さな翼のように連続であけられた天蓋窓は、庇の出を調節することで日照をコントロールする。夜になれば窓から光が放たれ、まさにUFOが宙に浮いているような景観となる。

サブマリン・ハウス

イギリス、ウェールズ、ペンブロークシャー・コースト国立公園
邸名：222ハウス
設計：フューチャー・システムズ

建物の裏側のガラス窓からはセントジョージ海峡が一望に見渡せる。海の向こうはアイルランドだ。海原を往く潜水艦に乗り込んだ気分なのだろう、天井を突き抜けた暖炉の煙突は、まるで潜望鏡、玄関前の訪問客を監視しているようだ。家をそっくり土中に埋めてしまうという突飛な発想を選択した家主は、意外にも労働党の議員だとか

ウェールズのなだらかな丘陵にすっぽりと埋めこまれた自然と一体化した家。地中に隠れて双眼鏡のような窓から様子をうかがっている。外皮を覆う草とモダンなガラスのコントラストは絶妙。近未来的な有機的フォルムとは裏腹に、高い断熱性能を誇る正真正銘のエコハウスだ

窓にあけられた丸窓から室内をのぞくと……中央にはでんと暖炉が居座り、鮮やかな黄色の壁面収納がインテリアのアクセントになっている。背後で牧草を食む馬のいななきを聴きながら、サブマリンは今日も静かに潜行する

洋上の家

フランス、アキテーヌ地方、アルカション

牡蠣で有名なフランスの高級リゾート地ラグーン。その洋上に２軒の高床式住居がぷかりと浮かんでいる。お隣りさん同士、ほどよい距離を保ちながら同じ方向を向き、扉や窓を赤と白で塗り分けて色も形も絶妙なバランスをとっている。しかも、どちらも日本の民家のようなシンプルでさりげない造りが憎い！この海域は、潮の干満によって景色が一変する。干潮のときだけ、歩いてお隣りさんを訪問できる

繭《まゆ》の家

日本、東京／設計：遠藤政樹＋池田昌弘

ふしぎな発光体の正体は？

歓楽街のど真ん中に、すとんと産み落とされた繭のような家……。

外壁には窓らしきものは一切見当たらず、殻に閉じこもったような佇《たたず》まいである。場所柄、窓を設けにくいということもあるため、この家には象徴的な天窓がある。昼間はそこからドラマティックな光が降り注ぎ、夜になるとその穴から妖しい光を外部に放つ。

ゆるやかなカーブを描く真白い外壁は、屋上でUターンすると内部に入り込み、螺旋階段室を形成するような仕掛けになっている。

鉄骨のリングを用いた複雑な構造に、薄く白い耐火ボードの上にFRP（強化プラスティック）を塗装して、この見事なプロポーションを生みだした。

建て主は歓楽街で育った人だから、刺激的な東京のこの一角がとても落ち着くということだ。気に入ってこの地を購入し、指名した建築家に、「都市住宅の新しい可能性を発揮してほしい」と要望した。そのチャレンジ精神あふれる施主と、その要望に応えるべく挑戦した建築家のコラボレーションによって生まれた傑作である。

たそがれの歓楽街にぼうっと浮かびあがる熱気球のような家。この前を通る人は、まさか民家だとは思うまい

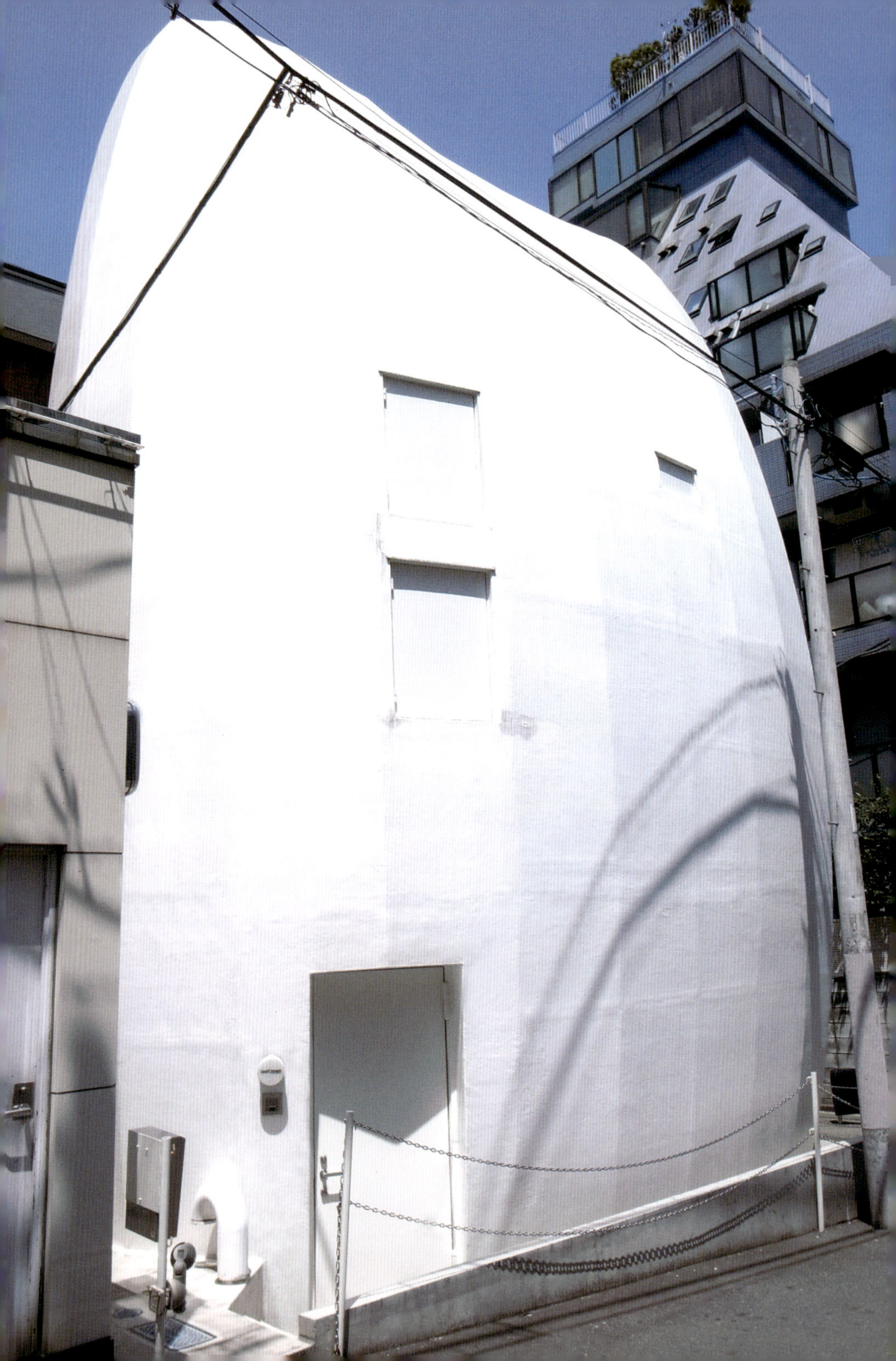

ゆるやかな曲線を描く外壁は、果物のへたのような上部のくぼみに落ち込んでいる。室内空間は地下の上に4階、その中央を螺旋階段が屋上まで貫いている。夜になれば屋上からほのかな光が放射され、その幻想的な外観は住宅としてはエキセントリックだが、周辺の街にうまく溶け込んでいる

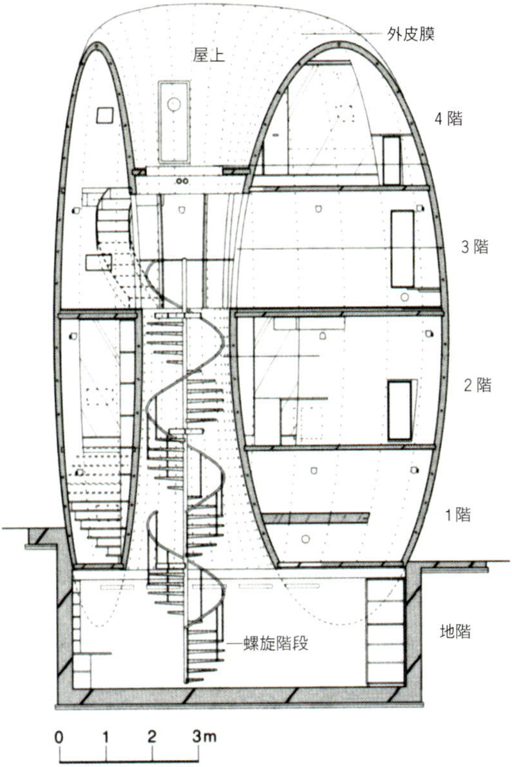

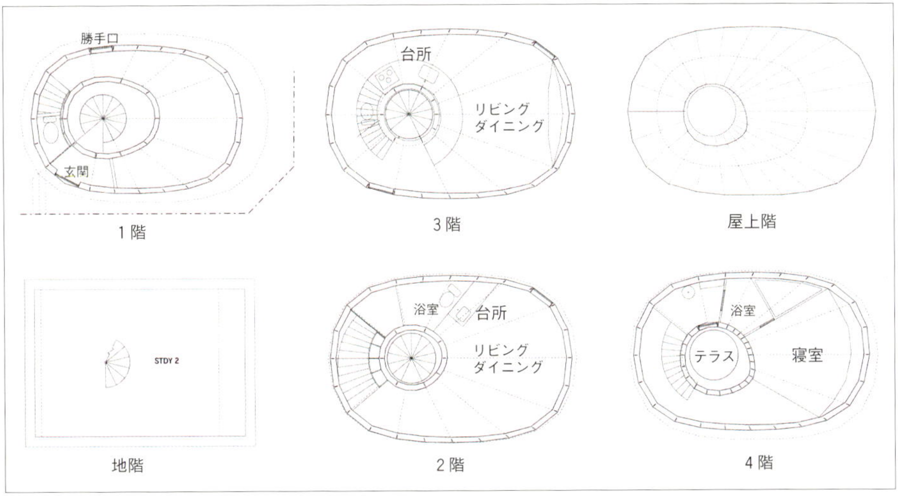

地上4階、地下1階建て。地下と地上1階の一部が賃貸A、3階と4階がオーナー住居で、地上1階の大部分と2階が賃貸B。螺旋階段が5層の楕円空間の中心を貫いているプランだ

モダン・ゲル

中国、寧夏回族自治区中衛市、テンゲリ砂漠

砂漠の真ん中にお菓子の容器のような家……。 モンゴルのゲルをかたどり、壁面にはパステル柄と草原の王者オオカミが描かれている。こんなモダンなゲルが砂丘にポツンとあったなら訪ねない訳にはいかないだろう。四方に設置された引違い窓や天井の換気口を見るかぎり、このゲルは移動式ではなく、しっかりと地に足をつけているようだ。月夜の砂漠にこの家が浮かんだなら、さぞかし幻想的なシーンだろう

ボトルハウス

メキシコ／邸名：アマリア邸／設計：オーガスチン・ヘルナンデス

地面から突き出た酒瓶のような窓が面白い。なぜこんな奇妙な家になったのか？ 敷地の特性を活かすアイデアが盛り込まれたギャラリー風の家である。透光性のある膜状の素材を、ボトル状の出窓にはめこむことで、明かり取りにしている。窓やドアは、たんに内外を仕切るという役割だけでなく、その形状ひとつでシーンを変えてしまう力があるから不思議だ。

吹き抜けのLDKには、サイドに連続するアーチ型の地窓から良質な光が注ぎ込まれる。

入口は手前にあり、丸い重厚なアルミ製のドアがユニークな引き手で邸内に誘う

岩肌の家

フランス、プロヴァンス地方、ルベロン

岩肌に埋め込まれたこの家は、自然と人工の境目が曖昧だ。草花の生えた外壁、かわいい屋根や窓がパッチワークのように散りばめられ、小ぢんまりとしたテラスも設けてある。なんだか絵本の１ページを開いたようだ

岩宮殿

イエメン、
ワディ・ダハール

干潟の家 フィリピン、セブ・マクタン島

海辺にとり残されたように建っている一軒家……ではなく、あえてテーブル状の岩礁の上に竹を編んでつくった手作り小屋。屋根はヤシの葉で葺いている。満潮時には海に浮かんだ舟の家と化す

←絶景の眺望を求め、巨岩の上に建設してしまった宮殿。自然と人工物の対比が滑稽でおもしろい。下段はサンドベージュの巨岩の中に、同色の家が貫入しているかに見える。「あの岩の上に同じ大きさの家をのせてみよう」と、見下ろすことが大好きな王様が建てた夏の別荘だ

階段屋根の家

イタリア、カプリ島
邸名：カーサ・マラパルテ
設計：アダルベルト・リベラ

屋根か、はたまた階段か？

ファシズムの代表的な建築家アダルベルト・リベラが設計した、地中海に浮かぶカプリ島に建つ「カーサ・マラパルテ」は、鬼才ジャン・リュック・ゴダール監督の名作『軽蔑』の舞台にもなった、20世紀で最も美しい住宅といわれている。

建て主は作家のクルツィオ・マラパルテ。『クーデターの技術』や『皮』などの小説を書き残しているが、過激な政治活動家としても知られていた。イタリア語で“悪しき側面”という意の彼の名は、それだけで、ただならぬ気配を漂わせている。

この奇妙な家が、ゴダール監督や建築家リベラをはじめとするアーティストたちの“溜り場”になったであろうことは想像にかたくない。

まず目に飛び込んでくるのは、外壁の鮮やかなサーモンピンク。刺激的な色でありながらも、周囲の緑や、真っ青な海の色にうまく溶け込んでいるから不思議ででである。まさに非日常的ロケーションのなせる技と言えよう。

そして、なんといっても象徴的なのは、映画『軽蔑』で主演のブリジッド・バルドーが佇む階段状の屋根。屋上の3分の1を占める逆三角形の大階段……舞台さながらの面白い屋根の階段は、登るにつれて幅が広がり、劇場性が増していく。

反対に、先細りの階段を下るとアプローチにつながり、断崖に沿って下りていくと、船着き場へと達する。

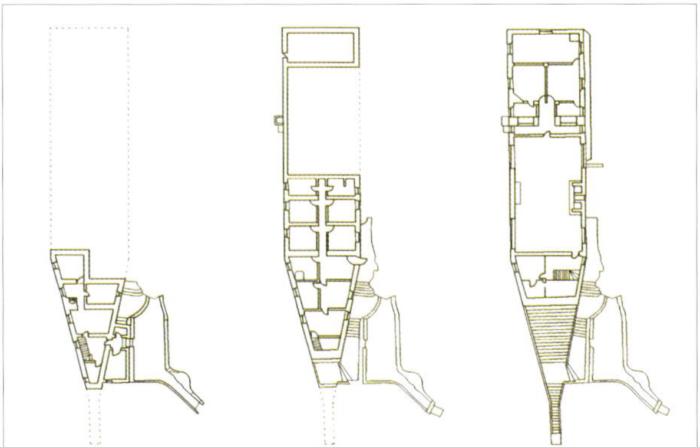

マラパルテ邸平面図。左から地階、1階、2階

ブリジッド・バルドーが階段屋根を下りてくる（映画『軽蔑』より）

この家の屋根には、幾何学美を優先したせいか、手すりらしきものがない。
屋上には、ひらりとカモメが舞い降りたような、白い曲線の壁が設置されているだけで、群青の海原に向かって羽ばたこうとしているかのようだ。
絶妙のロケーションに、憎らしいほどの仕掛け……。
なんだか始めから映画を撮るという前提で創られたような印象すら受ける。この自然に抱かれた美しい家に、しばしばアーティストが集って熱い芸術論を交わし合ったにちがいない。作家たちにとって恰好のサロンである。

家主のマラパルテは獄中でこの邸をイメージし、教会の階段をモチーフにしてプランを練った。どこかストイックで、いくぶん拒絶感を漂わせているのは、彼の謎めいた生きざまや人生哲学が反映されているからだろうか。
およそ個人邸らしからぬこの家は、作家の夢と孤独を同時に内包し、海を眺めて孤高の美を貫いている。

遠くから眺めると、地中海に浮かぶ遊覧船のようでもあり、サイトスペシフィックな美術館のようにも見える

塔の館

スイス、バーゼル

これは塔の家か、はたまた家の塔か？　この館は神秘科学の本部。2つの丸屋根の上にニョッキリとそそり立つ塔は、植物をモチーフにしたものらしいが、おおかたの人はカブトムシの角を連想するようだ。白い塗り壁のような素材で丁寧に流線カーブと膨らみが表現されている

屋上の家

フランス、パリ

ナスビのような家がビルの屋上にでんと据えられ、パリの街並みなかで異彩を放っている。
レンガ張りの外壁、ナスビのへたみたいな天窓、洒落た小窓……かなりの凝りようだ

石重しの藁家

イギリス、スコットランド、ハリス島

スコットランドの伝統的なおかっぱ頭みたいな家。粒揃いの石を丁寧に積み上げ、その上にすっぽり屋根帽子をかぶり、白いドアと小さな窓が慎ましい。草葺きの屋根はきれいにカットされ、端にいくにつれ絶妙なアールがつけられている。軒には屋根が風で吹き飛ばされないように等間隔に石が吊るされ、ちょこんと突き出た煙突も品があり、好感がもてる

タコ壺の家

アメリカ、カリフォルニア州、バークレー
邸名：ツィ・ハウス／設計：フローレンス・ツィ

黄金色に輝く家屋上部には円い展望窓が並び、櫛引模様の塗り壁から下のラインは海底を這うタコを連想させる。貝のような白い襟巻き、喉元には魚眼のような窓……。面白いと見るか、不気味と見るか？ グロテスクにしてユーモラス、どこか品もある遊び心満点の不思議な家である。

アプローチ両サイドの「うねる腰壁」は犬が“お座り”しているようにも見える。安全な構造にするため自然物の形態をまね、室内をドーム状にしたのもその表れだろう

リビングの壁面には星型のくぼんだ照明や円筒型に掘り込まれたマガジンラックもあり、部屋自体が家具や照明の機能を果たしている。ここで家族やゲストが環になって語らうシーンが目に浮かぶ「くつろぎと憩いの間」である

光、風、水、熱といった機能上欠かせない要素をできるだけパッシブにコントロールできるように細部まで精巧に考えられている。たんなるデザイン性にとどまらず、生物の合理的な形態を模倣しているのである

リビングからの見上げ。神殿のように天窓からはやわらかい光が降り注ぎ、サイドの直径５ｍの巨大な丸窓からは拡散光が入り込む。天井から吊られたワイヤーやポールで船の中にいるようだ

石灰で固められた外壁と装飾的な窓飾り。魚眼窓の周りのサファイア色の装飾は魚のひれを模倣し、口を開けた魚のようだ

UFOハウス

ドイツ、ザクセン=アンハルト州、イェーリヒョヴァー・ラント

地上にふわりと舞い降りたアダムスキー型UFOをかたどった夢の家。屋根も兼ねた外壁には薄くスライスした木材を重ね張りしている。眺望用の窓を全方位に開け、天井部分には明かり取りの天窓を設けている。円周の一角が切り取られ、導かれるようなエントランス階段は、ボタンひとつで自動的に格納され、今にも宙に舞い上がりそうな気配がある。夜ともなれば、窓から明かりが漏れてUFOそのものに……。
正面に据えた石は、さしずめ隕石のイメージか？

海辺の宮殿

フランス、ブルターニュ地方、
コート・デ・グラニット・ローズ

「昔むかし、海辺の大きな岩にはさまれたレンガの家がありました……」。そんなお伽話になりそうな家が、英仏海峡に面したブルターニュ地方の海辺にぽつんと建っている。なんだか岩の間にごそごそと入り込んで身を潜める磯の生物のようだ。大自然の中でもシンメトリーを守り、屋根や外壁までも丁寧に石積みされている。几帳面でいかにもフランスらしい

ぐるりとめぐらした低い石垣。その一角の小さな門を開けて、ときおりこの別荘の主がクルマを乗り入れる。小さな荘園を彷彿させる石垣は、満潮時の波を防ぐ防波堤？ いやいや、牛か羊の放牧をイメージして築いたように見えるほど、その造りは箱庭のように愛らしい。自然の産物と人工物が、絶妙の調和を生み出し、見ているだけで癒される

蝶の家

イギリス、サーレイ
邸名：バタフライハウス
設計：チェットウッド・アソシエーション

カラフルな布地とそれを支えるおびただしい数の金属フレームと銅線。屋根に葺かれた銅版は、迷彩柄に同調する波打つデザイン――グレーから青への美しいグラデーションを見せている

この家は蝶をモチーフとしてデザインされ、完成まで3年を要した。建築家チェットウッドの自邸であるこの一風変わった邸宅は、新しい材料とテクノロジーを駆使しながら、自然と調和し、建築と芸術と技術の融合を目ざしてつくられた、いわば実験の場――。チャレンジ精神あふれる建築家とは、いつでも自分自身がモルモットになる心構えをもっている。

家の材料に「銅」を用いていることも特徴だ。屋根には現場製作された銅板が用いられ、ワイヤー状に束ねられているのは銅線である。この銅は貯蔵庫へ集めた雨水を分解して再利用するのに使用されている。夜間照明にも用いられる極めて合理的な素材だ。

赤と黒、グレー、白で彩られた布は、ひらひらと宙を舞う蝶の羽をかたどり、それが大きな庇《ひさし》の役割をしている。その下には同じ色の銅線が、うねりながら室内外に伸びている。

この銅線は成虫になる前のさなぎの脚をイメージしたものだが、空間全体を包み込んで意外にも調和しているから不思議である。

室内にあるテーブルや造作家具に至るまで、徹底してガラス張りにすることで透明性を貫いている。しかも椅子はワイヤーで壁面から吊るされ、天井から吊るされたガラスのテーブルは、滑車によって上下する。このこだわりは、芸術の域に達しているように思えるが、暮らしのなかにそれを取り込むことで、ほどよく心地良い空間を得ようとしたのだろう。

明るいサンルームでの読書は、静かな図書館の一室を思わす。

ちなみに、椅子の上にあるのは、銅の配管でできた照明器具。ガラス天窓の上を覆う“蝶の羽”のテントが庇となって、日照調整も完璧である。

蜘蛛の巣のように八方に張り巡らされたワイヤーに、さまざまなものが絡みついている。これは機能か、はたまたポストモダン的装飾か？ 答えはその両方である

●蝶の家

●蝶の家

夜、白い発光体に包まれた涼しげな空間は、昼間とは異なる雰囲気を醸しだす。光ファイバーと50本ものグラスファイバーが発光し、建物自体が大きな照明器具になっている

孤島の家

カナダ、ケベック州、ロレンシャン地方

離れ小島の一軒家に住む愉しみ……隠れ家を絵にするとこうなるだろうか。密林のように繁る木々に囲まれたこの家には、もちろん舟で渡るしかないが、陸から延びる１本の電線が唯一、文明の証しとなっている。それにしても、この孤立した家の主は何を求めて来たのだろうか。すべてがネットワークされた現代から隔絶された、世間から最も遠い家を作りたかったのか？

アメリカ 、ミシガン州、五大湖のスペリオル湖に浮かぶ島にぽつんと建つ小さな家。そばに灯台、ちょっと離れたところにさらに小さな小屋もある

花屋敷

デンマーク 、レス島

北海に浮かぶレス島には古い民家が残っている。この花の帽子をかぶったような茅葺き屋根には、海辺の草木を用い、海藻も含まれているから栄養分もたっぷり。さながら花壇のような土手の下に家があるといった感じだ。土を固めた軒のラインがクラシカルな窓と柱を際立たせている

ミノムシの家

インドネシア、マドゥラ島バンケス村

水の入ったバケツをロープで吊り上げるミノムシ男

神のお告げで樹上30年

インドネシアのジャワ海に浮かぶマドゥラ島に、ヤシの木で暮らしている男がいる。ムハンマド・ブンカスさんは60歳代、子どもが3人、孫もいる。しかも30年間、一度も下りてきたことがないという。

1974年のある日、「おまえは木の上で一生を過ごす運命にある」とアラーの神のおぼし召しを受け、ヤシの木に竹を編んで巣のような家を作った。広さは1m四方だが、コーランとランプとラジオを持ち込み、悠々自適。なぜなら家族が毎日せっせと食事を運んでいるからだ。村人たちは変人扱いもせず、ミノムシ男は家族の愛に見守られて静かに樹上の暮らしを営んでいる。

「ただ登りたかっただけ」というが、悩みもあるらしい。それは30年間にヤシが成長し、家の高さが地上15mになったこと。「だんだん怖くなってきたよ」とちょっぴり不安をほのめかす日々だとか。そう、ツリーハウスは高くなるほど風に揺れる。はたして、人間の巣はいつまで耐えられるのだろうか。

タバコ畑の中にそびえる１本のヤシ。葉の間にブンカス家がミノムシのように……

粘土細工の家

アフリカ、チュニジア

一見、子どもの粘土細工みたいだ。手摺りのない危なっかしい階段はエッシャーの錯視画のようで、本当に使われているのだろうか？「ここに本当に住んでるの？」と疑いたくなるような集合住宅だが、ぜんぶの入口がいびつで、色も形もまちまち。青い菱形印のドアの奥にどんな空間が広がっているのだろう？

草屋根の家

アイスランド、スカフタフェッル

海に落ち込む氷河を前に、草っ原に潜りこんだ家がある。北欧の伝統的な様式だが、地面から覗く三角形の妻面がかわいらしい。厳しい気候と風避けを考えての造りだが、過酷な自然環境のなかでは、住居はより土着的になるようだ。草屋根には断熱効果があり、夏は蒸散効果で室内は涼しい。むろん「この景観を愉しみたい」という趣もある家である

妖獣の館

スウェーデン、グラスコーゲン自然保護区
設計：24Hアーキテクチュア

からくり仕掛けの遊び屋

森の中でこんな家に出くわしたら、誰もがギョッとして「なんじゃ、これは？」と叫ぶにちがいない。よくぞここまで…と呆れるほどの懲りようだ。

スウェーデンの自然保護区の湖畔にあるこの家は、建築家のカップルが釣りをして過ごすための休暇小屋として造った自邸である。

胴体にはベイスギの木片を一枚ずつ丁寧に重ねて張り、しかも三次元の有機的なカーブを描きながら、蝶のサナギのような形状に造りあげている。

その姿には直線が見当たらない。あくまで自然の産物であることを主張するかのように、美しくデリケートなフォルムにこだわっている。

先端の突起物は薪ストーブ用の煙突だが、これはユニコーンやカブト虫の角をイメージしたもの。

この奇抜な館の絶妙な凹凸と陰影からは、作り手の執念がひしひしと伝わってくる。しかも外観ばかりか、内装までもが遊びの極地を呈しているのだ。

ともかく、森の中にうずくまる妖しげな獣のようで、今にもノソノソと動き出しそうな気配がある。

頭部のリビングルームの窓は眼球のようにくり抜かれ、はめ込まれたガラスの向こう側には湖が見える。

よく見ると首の付け根あたりに隙間がある。このリビングは亀の首のように３～４ｍ伸び縮みするスライド式滑車システムになっている。亀が甲羅から頭を出し入れするのをヒントにしたのだろうが、それは客人が来たときに収容スペースを広げるため――その仕掛けは、先端の顎の下のフックにロープをかけて引き出すようになっている。ちなみに、地元の人はこの家を「アコーディオン・ハウス」と呼んでいる。

こんな家を造ったからには、友人を招きたくなるのも当然だろう。やや怒ったような愛らしい目など、サービス精神に充ちた家である。

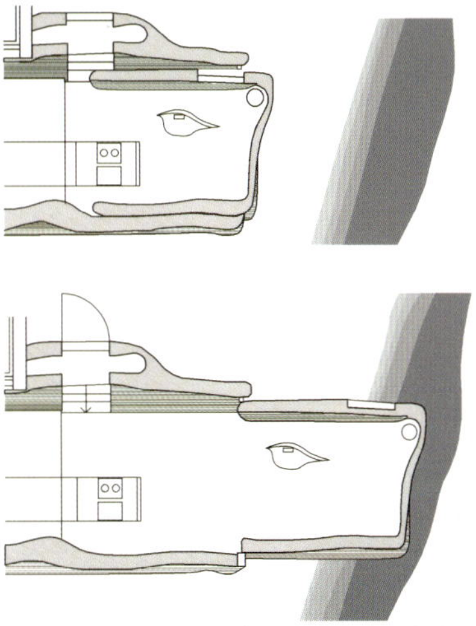

断面図。収納（上）と引き出された状態（下）

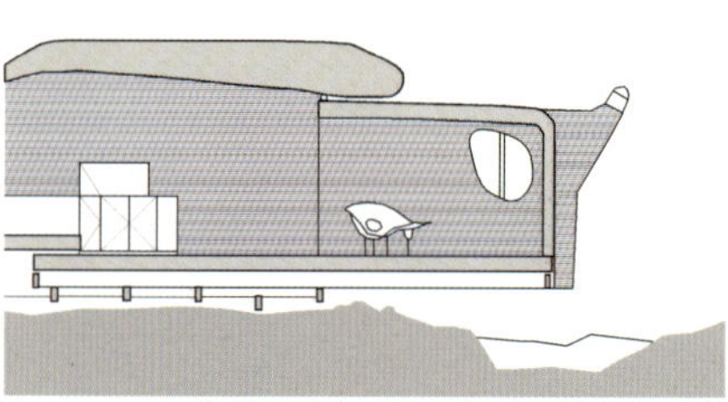

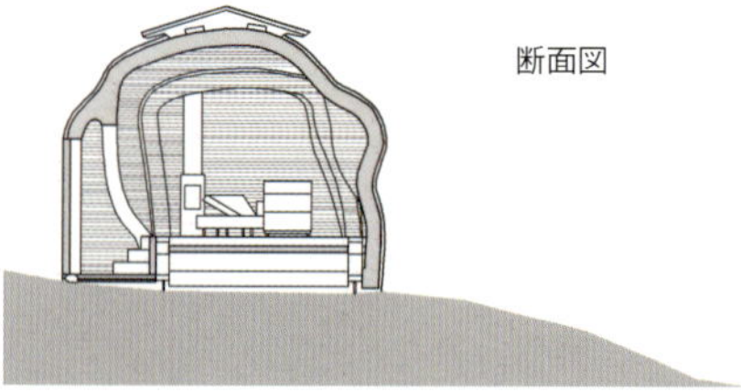

断面図

室内のインテリアも凝りに凝っている。壁一面に毛皮を張り、奥には薪ストーブ。酷寒の冬期の暖房を考慮しての設備と洒落た家具がほどよいバランスをとっている。ちなみに椅子は手前がイームズのラ．シェーズ、奥はロン・アラッドのトム・ロック、スタンド照明や可憐なシャンデリアはインゴマウラーのデザインによるもので、いずれも一流品。とはいっても、この家には電気も水道も引かれてないのである。

面白いのは、窓のデザインが左右非対称であること。左目の窓からは森が、右目の大きな窓からは湖が一望できるという小憎らしいばかりの設計が施されている。

●妖獣の館

たそがれどき、可動式リビングに明かりが灯り、毛皮で断熱を施した内装が見える。こんなに遊んで造り、こんなに居心地の良さそうな家も珍しい

オモチャ箱の家 ドイツ、ベルリン

ベルリン芸術大学の学生プロジェクトで設計された積み木のような夏の別荘。切妻の屋根勾配が異なる「のっぽ」と「ちび」の2つの箱が、いい距離を保って対峙しているさまが微笑ましい。デッキテラスで2軒をうまく繋ぎ合わせ、お隣と行き来自由な気楽さは、遊びの舞台装置のようだ。夜になると、淡いグリーンの内壁が反射して、室内から庭に光があふれ、パッチワークのような窓のデザインをより引き立たせる

岩窟邸

ポルトガル、モンサント

切りそろえた石を積み上げて岩山に寄生する家。ポルトガル北部の山岳地では、むき出しの巨岩を利用した砦のような伝統的民家がよく見受けられる。モンサントの地でも岩壁に何軒も家が連なって村が形成されている

崖っぷちの家

オーストラリア、シドニー

よりによってこんな崖っぷちに？ それに挑戦するかのように80mの断崖絶壁に一軒の家が。荒々しい岩肌とは対称的な端正なモダンハウス。この対比が魅力である。眺めているうちに、この家を建てるために用意されたシーンのようにも見えてくるから不思議だ

玄関からは普通の家にしか見えないが、中に入ると、眼前に広がる海の大パノラマ——。こんな仕掛けも建築家の大切な仕事だ。奥には大海原を一望のプールまである。おそらく家族に高所恐怖症はいないだろう。室内から断崖絶壁は見えず、穏やかな雰囲気に包まれている。いちかばちかの環境を料理し、非日常を日常に置き換える建築マジック。そのエネルギーを生み出す力が、このロケーションには宿っている

妖精の家

デンマーク、レス島

てんこもりの屋根の重みで今にも押しつぶされそうなデンマークの古民家。もともとボリュームの多い藁屋根が鍾乳石のように垂れ下がり、窓を覆い、やがては地面に接しそうだ。なにやら妖精か“もののけ”でも棲んでいそうな気配が漂っている

隙間ハウス

イギリス、ロンドン
邸名：レンガの家
設計：カルソ・セント・ジョン

ビルの谷間に挟まれたこの小さな家は、通りからは死角。形状は両隣の建物の形によって決まってくる、いわば隙間にパラサイトした家。いかに周りと調和しながら寄り添うか……目立たないことを極めるように、無彩色の屋根や外壁が、お隣さんとの隙間をしっかりと埋めている。いびつな形の屋根に設けた三角形の天窓や、高い塀で囲まれた三角形のプライベートテラスなど、隙間を生かした仕掛けが目を引く

外観からは想像がつかないほど内部はモダンで端正だ。住空間を彩る家具は、シンプルかつ重厚感があり、独特の雰囲気を醸しだしている。三角形の天窓からの柔らかい拡散光は、床壁に用いたレンガの陰影を強調し、ここがビルの谷間であることを忘れさせてくれる。外壁のレンガが内壁にも現れるのはタウンハウス特有の手法だ。モダンな家具——アアルトやベリーニも上手く調和している

ビーチパブ

イギリス、コーンウォール地方、ニューキー

「それぞれの岩に家を建て、その間をブリッジでつなぎたい」。この光景を見たとき、建て主は直感的にそう思ったに違いない。自然の産物である見事な岩の裂け目が、ロケーションの潜在能力を格段に上げている。ほどよい距離を保って建つ2軒は、近くて遠い存在であり続ける究極の二世帯住宅だ。「母屋」と「離れ」、その間にある「谷とビーチ」もファミリーで共に体感できるおいしい住宅である

倒木の家

ナミビア、ナミブ砂漠

これぞ元祖・掘建て小屋！ と呼びたくなるような出来栄えである。まず骨組みを作り、トタンを屋根にがぶせ、拾い集めてきた倒木をぐるりと周りに立て掛ける。それを木の枝で縛れば、とりあえず雨風がしのげる家の原点が出来上がり。邪魔な日用品は外に出し、愛犬との質素な暮らしぶりが微笑ましい

ブリキの家　ナミビア、ナミブ砂漠

左ページの物件と同じ地域にある、こちらはトタン張りの豪華版。初めに右の１軒家を建てたあと、手狭になったのか、左のブリキ屋を増築したと思われる。背後にそびえる岩山を借景にしたというより、築山くらいに思っているかもしれない。この家も犬を飼っているようだ

洞穴の家

スペイン、カナリア諸島（テネリフェ島）

嶮しい岩山に抱かれるように民家がちらほら……。危険と思うより先に、「あそこに家を建てよう！」という衝動のほうが勝った感がある。ちゃんと電気もきている。家の裏の岩肌に洞穴を掘り、さらに奥には別室が……そんな想像を抱かせる天空の白い家

ボートハウス

オランダ、アムステルダム

ボートハウスというより川の上に建てた家といった佇まい。これが運河を走ったら、さすがのアムステルダムの人々も目を見張るだろう。屋上をテラスとして使い、鉢植えをたくさん家の周りに配し、一家で川暮らしを満喫している

PRINSEN
GRACHT

靴の家

アメリカ、ペンシルバニア州、ヨーク
邸名：ヘインズ・シュー・ハウス

ペンシルバニアの片田舎に、こんな巨大な靴がぽつんと置かれている。ちゃんとした住居スペースを持ち、お婆さんが一人で住み、新婚カップルの宿に提供されたこともある。屋上から眺める夕焼けは絶景

大地を踏みしめる「靴の家」

「なぜ靴の形に……？」誰もがそう呟いて、微笑みながら近づいていくに違いない。そんな愉快な家である。

ガリバーが脱ぎ忘れて行ったようなユーモラスな家だが、細かく観察すればするほど、精巧にディテールを表現しているのがわかる。踵《かかと》やくるぶしの微妙な膨らみ、足首や爪先の丸みなどは、化粧漆喰で作った彫刻のようにも見える。それもそのはず、これは靴愛好家の家なのである。

この靴がドシンと大地を踏みしめたのは、1948年のこと。建て主のヘインズはアメリカで40もの靴店を営む富豪であり、宣伝をかねてこの建築を決意した。ヘインズは建築家に靴を手渡して、「これを造ってください」と言ったらしいが、さぞかし建築家は驚いたにちがいない。

内部は5つの異なるレベルからなり、ゲストとメイドのための3つのベッドルーム、2つの浴室、リビング、ダイニング、キッチンがコンパクトなスキップフロアの空間で構成されている。かかとにはガレージ、靴底には炉とポンプの置場があり、屋上利用も可能だ。

窓も靴をモチーフにしたステンドグラスで作られ、近くには靴の形の犬小屋や砂場もあるこだわりようだ。この家は、後にさまざまな使われ方をした。あるときは個人邸として、あるときはハネムーン用のゲストハウスとして、またあるときはアイスクリームショップとして、多くの人に愛され履かれてきた。

ともあれ、いかに靴型の空間を利用するか？ あれこれ頭をひねったすえの傑作である。その機能的なプランと丈夫な構造のためか、けっして磨り減ることのない長もちする頑丈な靴である。もしも靴をこよなく愛したヘインズが生きていたら、こう言ったかもしれない。

「私は家を作ったのではない。靴を作ったのだ」と。

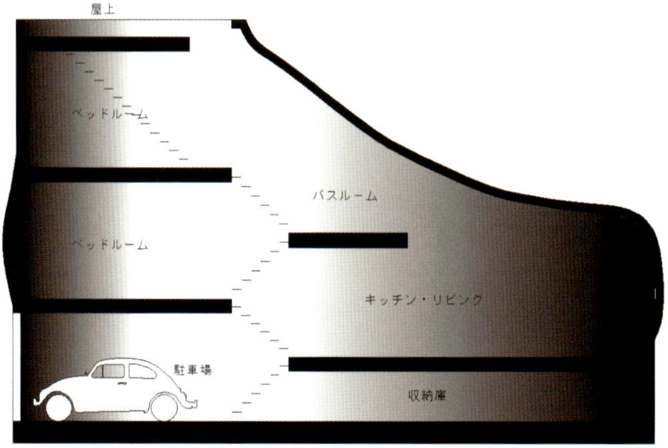

断面図

艀《はしけ》の家

ベトナム、ハロン湾

ハロン湾に浮かぶ水上生活者の家は、世界遺産にも認定された湾の風景の一部となっている。横付けされたボートが暮らしぶりを物語っている。艀の上に家を造っての水上暮らしは、東南アジアではよく見かける光景だが、なぜか日本では認められていない

クレイジーハウス

ベトナム、ダラット

一見、ガウディの建築物にも見えるが、これは現在も増築を重ねている未完成のゲストハウス。その名もクレイジーハウスというだけあって、建物のワクをはみだした感がある。蝋を溶かしたような外観である。木の根を思わせる上部の突起、いびつな形の窓らしき穴、イボイボの外壁……ゲゲゲの鬼太郎でも住んでいそうな怪しさを漂わせ、なんとも理解不能なおかしな家である。周辺に咲き誇るブーゲンビリアが、その奇怪さをいっそう増長させている

とんがり帽の家

フランス、コルシカ島南部

ナポレオンの生地であるコルシカ島の、地中海を見下ろす丘に建つ岩屋。風化してマントのように空洞化した奇岩の中にもぐりこむように、小さな石を積み上げて造っている。上部の石積みの目地が大きいのは、それだけ複雑な形をしているからだ

バンブー・マンション

フランス、パリ
邸名：フラワータワー
設計：エドワール・フランソワ

パリの街にそそり立つ、竹の鉢植えに埋め尽くされた緑のマンション。この奇抜なアイディアはれっきとしたエコ住宅である。竹の葉が断熱の役割をし、夏の暑さを軽減させ、葉が落ちる冬は陽光を室内に取り込む。400個のプランターは自動給水システムが搭載されたハイテク壁面緑化――この緑のカーテンはエコロジーを意識した現代の地先園芸である。それにしても鉢は大きく、1mくらいの高さがある

さいころハウス

オランダ、ロッテルダム
邸名：キューブハウス

波止場の再開発で建設された集合住宅。正六面体の箱家が傾きながら連結し、ユニークな形態はリズミカルであり、黄と茶の彩りも明快で心地いい。が、室内は……壁面は傾き、居室空間やキッチンも狭く、壁には物も置きにくい。デザインの面白さを優先したこの住宅の人気はいまひとつだが、実験的な建築はまさにオランダの真骨頂。粘り強く入居募集をしているらしい

ヤドカリ岩屋

ポルトガル、ペニャスドウラーダス

岩の帽子をかぶった家だが、「いったい、どうやって造った？」と首を傾げたくなる。おそらく巨石の下に潜り込んでいるうちに、ヤドカリを思いつたのだろう。朱に塗られた入口と窓のまわりの石造りは丁寧で、古代遺跡のようだ。雨が降ろうが槍が降ろうが、びくともしない家である

パラソルの家

アメリカ、ロサンゼルス
邸名：マリン・ハウス
設計：ジョン・ロートナー

天と地の間のテラスハウス

ビバリーヒルズの丘陵に、大きなパラソルを開いたような邸宅がある。
なぜかアメリカ西海岸にはチャレンジ精神旺盛な住宅が多く、この家も例外ではない。建築家はライトの弟子ジョン・ロートナー。
建て主は航空技師であり、そのせいか宙に浮いた家を望んだのだろう。それにしても傾斜角30度の斜面に建てたのだから大胆きわまりない。おまけに歩いては入れず、斜面に取り付けたゴンドラで搭乗するという遊園地のようなプランまで盛り込んでいる。
4つの寝室を除き、ワンルーム構成。8辺に水平連窓を設け、居間のソファにもたれてロサンゼルスの街並みが一望できる。遊び心満点の趣向はお見事というほかないが、さぞかし施工は困難を極めたに違いない。木を利用しなくても、こんなツリーハウス風の家は造れそうだ。
この正八角形の家——地上に舞い降りたUFOのようにも見え、今にもグルグルと回転して、空の彼方へ飛んでいきそうである。

お絵描きの家

アフリカ、ガーナ

日干し煉瓦の上に伝統模様と動物の絵が描かれ、暮らしの中に動物がいることを物語っている絵本のような家だ

モザイク柄の家

南アフリカ共和国

グラフィカルな外壁と草葺屋根のコンビネーションはアフリカ民家の特徴。デジタル感あふれるモザイク柄、その明るい色や幾何学をモチーフにした外壁はペンキ塗装。このヌデベレにある家々は実にカラフル。ビーズなどファッションデザインでも知られた村である

土壁の民家

南アフリカ共和国

草原に白壁のまん丸い家……。モンゴルのゲルを思わすような佇まいだ。藁屋根のてっぺんからのぞく煙突からも、そのシンプルな暮しぶりがうかがいとれる。できる限り装飾を排除して身の丈の住まいをめざすと、こんな家になるのかもしれない

氷河の家

アイスランド

氷河の中にぽつんと佇む赤屋根の家。大自然がスケール感を麻痺させる。白い外壁と赤い切妻屋根、緑の破風板のコントラストが美しい。ともあれ、建て主は氷河を眺めるためにこの地を選んだに違いない

世界一高い木造家屋

ロシア、アルハンゲリスク

ロシア北西部にある港町アルハンゲリスクにある世界一高い13階建て（高さ約55m）の木造住宅はギネスブックにも登録されている。実業家である家主のニコライが、クライアントを宿泊させるために自宅を増築して造ったものらしいが、異様で殺風景なこの佇まい、近隣からきわめて不評のようである

パッチワークのように継ぎはぎされ、折り重なるように構築された外観はまるで軍艦だ。鈍く黒光りした質感がただものではない気配を醸しだしている。突んがった頂上からの眺望は抜群ではあるが、尋常ではない揺れように恐怖を抱く宿泊者も多いとか

キュービック・ハウス

エルサレム、ラモット

エルサレム地区にある、ゴミの山のように積み上がった家の山。なぜこんなにいびつな形に組み合わされているのか分からないが、れっきとした集合住宅である。壁と屋根は同じ木製素材だが、ほとんどの部屋が傾き、窓らしい窓も見えず、プレハブが廃棄されているようだ。下の家の屋根の上が、上の家のルーフバルコニーになっているところもある。ひな壇状になっているので下から見ても上階が見えない仕組みは、プライバシーを考慮しているようだ。バルコニー手摺やカーテンが暮らしの証しだが、どこから入るのか見当もつかない迷路のような“家の塊”である

鏡面ガラスの家

アメリカ、ニューヨーク
邸名：ヴィラ・NM
設計：ベン・ファン・ベルケル（UNスタジオ）

3つの箱を組み合わせて

NY郊外の森の中、ウッドストック・ロックフェスティバルで知られる丘陵地にこの現代的かつ個性的な家は建つ。マンハッタンの喧騒から逃れるには絶好のロケーションだ。

単純な立体が一方は斜面に沿って、もう一方はねじれながら浮き上がり、敷地の形状を最大限に利用している。ねじれによって生まれた床下空間は2つの頬杖で支えられ、ピロティとして駐車場に利用されている。3つのボックスを巧みにずらして結合した空間だが、なんだか偶然生まれたような自然な雰囲気がある。

鏡面反射ガラスに景色が映りこむことで、自然を意識し、家自体を風景に溶け込ませようとするアイディアが心憎い。

一見、複雑そうな造りだが、実はプレハブを利用し標準化させることで合理化を図っている。コストもかなり抑えられていて、建築は見かけによらないものである。

ボックス状の部屋を巧みに組み合せた構造。
鏡面反射ガラスに周囲の木々を映し込み、
自然のなかに家を溶け込ませる趣向

ねじれながら浮き上がる現代建築
らしいボリューム。この仕掛けで
生まれたピロティ空間を駐車場に

中間階にあるリビングからキッチン、ダイニングを見下ろす。連窓からはパノラマが展望でき、右手の階段は寝室へ。ワイヤーの手摺も美しい

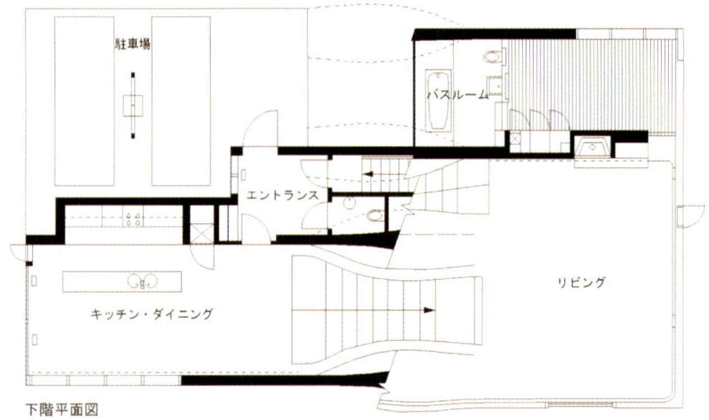

下階平面図

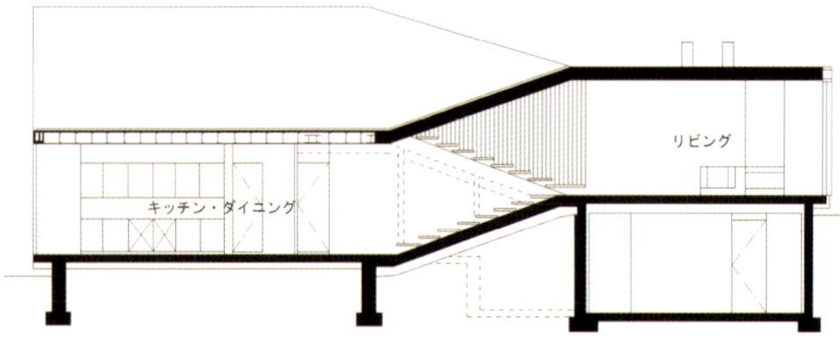

断面図

キッチンとダイニングのある1階の天井高をあえて低くしているのも、建築家の周到な戦略だ。きれいなラインを見せる階段を昇降しながらたどるリビングの吹き抜け空間では、サイドの水平連装窓から景観をと、高低差のギャップを楽しんでいる。

奥行きや高さを麻痺させるつながりをもつスキップフロアも心地いい。子供部屋や寝室へとたどる小さな階段も、1階とは違った味わいがある

地形をなぞりながらの設計なので地面に密着し、へばりついている。緑の芝と青空に調和する控えめな黒い外観が美しい

LED照明による色の変化で、さまざまな夜の表情を作りだす。照明の工夫で内部空間のバリエーションは格段に豊富になる

埋もれ家　アイスランド、グロインバイル

家が草に包み込まれている！　屋上緑化や壁面緑化というレベルではない。家のフォルムが消えて自然に飲み込まれていく瞬間を見るようだ。入母屋窓がはめられた草のトーチカ。それは自然を最大限に利用する暮らしの知恵にほかならない。凹地に土盛りして造ったものだが、ほら穴生活の愉しみも味わえそうな「土手の家」である

きのこの家

アメリカ、カリフォルニア州、コロナ・デルマー
邸名：プライス邸／設計：バート・プリンス

巨大なきのこが地面から

地面からムクムクとキノコが生えてきたような家である。

建て主のプライス氏は、かの有名なフランク・ロイド・ライトにも建築を依頼したことがあるほどの建築マニア。この家にも尋常ではない思い入れが感じられる。設計したバート・プリンスはアメリカ西海岸特有の木造構造表現を得意とする建築家。二人は意気投合し、家と環境の関係性を模索しながら計画が始まった。

まず目につくのは、日本の「柿葺《こけら》き」屋根を思わせる外壁である。これは板葺き手法の一種であり、薄い木片を重ねるように敷き詰めたもの。その重なり具合は地図の等高線のようで、複雑にうねりながら連続している。有機的な形状を表現するには有効な手段といえるだろう。

外壁のひだに自然光が反射されて生まれる繊細な陰影は、周辺の自然のなかで、なにやら生き物めいた雰囲気を漂わせている。

しかし、なぜこんな複雑な形にしたのだろう？　曲線を多用したこの建築に、おそらく設計図はないだろう。コンピュータ作図は可能かもしれないが、住宅レベルではまずやらない。施工が思うようにはいかないからだ。

きっとコンセプトを十分理解した職人が、豊かな感性で丹念につくりあげたのだろう。でなければ、こんな家は造れない。建て主の執念に感服である。そしてアーティストの創造性が隅々まで行きとどいた逸品といえる。

ベレー帽をかぶったような屋根はまるで椎茸のようだ。屋根からつながる外壁は獣の皮膚にも見える。凝った楕円窓や水平連装窓は、どことなく和の雰囲気も。木材だけではなく金属製の外壁を赤錆色にして用いるなど、芸も細かい。室内も曲線で表現されて柔らかい。アールデコ調の窓には華やかなステンドグラスをはめて、色鮮やかな光を室内に取り込んでいる。

小物を飾る壁面棚や階段手摺のアイアンワークなども丁寧な仕事ぶりで、さしずめアメリカ版の数奇屋といったところか。さらに室内に池を配しているのが面白い。石や植木の配置もたぶんフェイク、その手法はポストモダンであり、かつアメリカらしい

サイロの家

アイスランド、フッサフェル

この地はオーロラ観測でも有名なフッサフェル。農作物や家畜の飼料を保存するサイロの上に家を作ってしまった、一石二鳥の住宅。円筒形のサイロは金属製の外壁、その上に、八角形の木張り外壁の家がどっかりと鎮座している。四方にドーマーウィンドウ（小屋根をもつ窓）が設けられ展望も利く。左手にはアイスランド特有の草葺の家がある

筏《いかだ》の家

ブラジル、アマゾン川

アマゾン川ほどの大河になると、潮の干満の差も大きい。筏の上に建てられた家は、あるときは水の上、あるときは陸の家となる。流木を集めて、垂木でつなぎ、その上に回廊付きの家屋をのせる……。水色で統一したペンキの彩色、水牛のシンボルマークも描かれている。自然と一体化した質素にしてかつ豊かな家に、裸の少女が水を運ぶ

ハウスボート

オーストラリア、レンマーク、マレー川

基本的な造りは左ページの筏の家とまったく同じといっていいが、こちらは船外モーター付きだ。船底状のフローティング・ブイの上に床を張り、その上に平家を建てている。川を遡ったり下ったり、気ままに水辺を楽しめる家である。ちょっと岸辺に繋留して、このハウスボート自体が昼寝をしているようにも見える

抽き出しハウス
オランダ、アムステルダム

壁から空間が飛び出したこのオランダにある家は高齢者のための住宅で、その数は100世帯にものぼる。実はこの奇抜なデザインには理由がある。緑地を確保するために、13戸だけを宙に浮かせる必要があったのだ。厳しい法規制を乗り越えるために建築でここまでやるとはさすがはオランダ。木製外壁をベースにしたカラフルでランダムな飛び出すバルコニーも遊び心満点で楽しい

浮島の館

ノルウェー、ホルダラン県、ハダンゲンフィヨルド

フィヨルドに浮かぶユートピアのような小島。その上に家が４軒散りばめられている。どれもが切妻屋根の典型的な家ゆえに、飽きることなく住人の身も心も開放される。ここでは豪邸は不要、身の丈で十分だろう。大自然に抱かれて、ほどよく木の繁るなだらかな丘もあり、これぞ文句なしのメルヘン島

シリア、ダマスカスの街で傾ぐ家

ヤドカリ岩屋（ポルトガル）

■写真提供

橋本直樹：p6-7．p8-9．p10-11．p12-13．p143
Artur／AFLO：p1．p50-51．p72-73．p74-75．p76-77．p78-79．p80-81．p124-125．p126-127
Simephoto／AFLO：p14．p22-23．p32-33．p36-37．p39．p52-53．p128-129．p140-141
AISA／AFLO：p15．p102-103
Arcaid／AFLO：p16-17．p18-19．p30-31．p44-45．p46-47．p48-49．p112．p113．p130-131．p132-133．p138-139
Alamy／AFLO：p20-21．p35．p40-41．p42-43．p51．p64-65．p82-83．p90-91．p92．p94-95．p98-99．p100．p104-105．p108-109．p110-111．p122-123．p134-135．p136．p142
斎藤紘一：p24．p26-27
坂口裕康：p25
Reuters／AFLO：p28-29
Robertharding／AFLO：p34
Photofest／AFLO：p38
View Pictures／AFLO：p54-55．p56-57．p58-59．p60-61．p84-85．p88-89．p106-107
JOURDAN F.／EXPLORER／HOA-QUI／AFLO：p62
Jim Wark／AFLO：p63
読売新聞社：p66-67
Imago／AFLO：p68-69．p86-87．p93．p96-97．p137
MORANDI BRUNO／NF／HOA-QUI／AFLO：p70-71．p118-119
Blickwinkel／AFLO：p114-115
Photolibrary.com／AFLO：p116
DE WILDE Patrick／Hoa-Qui／AFLO：p117
ZAVRAZHIN KONSTANTIN／GAMMA／Eyedea Presse／AFLO：p120-121

二　見　書　房　の　本

ツリーハウスをつくる
ピーター・ネルソン著

「木の上の家」は夢じゃない。

ツリーハウスで遊ぶ
ポーラ・ヘンダーソン／アダム・モーネメント著

いっそ、こんな家でも作ろうか。

ツリーハウスで夢をみる
アラン・ロランほか著

木の上で本を読んだり……

可《お》笑《か》しな家《いえ》

Amazing Houses

編著　黒崎《くろさき》 敏《さとし》
ビーチテラス

フォト・コーディネート　斉藤紘一・北見一夫

編集　浜崎慶治

発行所　株式会社 二見書房
東京都千代田区三崎町 2-18-11
電話 03(3515)2311　営業
03(3515)2313　編集
振替 00170-4-2639

印刷／製本　図書印刷株式会社

落丁・乱丁本はお取り替えいたします。定価は、カバーに表示してあります。

ISBN978-4-576-08095-6
http://www.futami.co.jp